푸른숲 생각 나무는 통합적인 사고의 틀을 키워 주는 초등 3~6학년 지식 교양 시리즈입니다.

우리나라가
100명의 마을이라면

배성호 글 | 허구 그림

지은이 배성호

아이들이 유쾌하게 꿈과 희망을 키워 갈 수 있도록 배움터를 교실로 한정하지 않고
세상을 배움터 삼아 아이들과 더불어 성장하는 초등학교 선생님입니다.
《우리아이들》에 즐겁고 알차게 공부할 수 있는 사회 수업 이야기를 나누고 있으며,
아이들이 건강하고 행복하게 성장하길 바라는 마음으로 초등학교 사회 교과서를 연구하고
집필하고 있습니다. 지은 책으로는 《더불어 사는 행복한 경제》가 있고,
함께 쓴 책으로는 《서울 교과서 한강》 《초등교육을 재구성하라》
《교실 속 딜레마 상황 100문 101답》 등이 있습니다.

그린이 허구

대학에서 회화를 공부했습니다. 광고와 홍보에 관련된 다양한 일을 하다가
지금은 어린이 책에 그림을 그리고 있습니다.
《커피우유와 소보로빵》《서라벌의 꿈》《처음 받는 상장》《너는 닥스 선생님이 싫으냐?》
《말하는 까만 돌》 등 여러 책에 그림을 그렸습니다.

푸른숲 생각 나무 03

우리나라가 100명의 마을이라면

첫판 1쇄 펴낸날 2014년 5월 29일
　　　11쇄 펴낸날 2025년 5월 30일

지은이 배성호　**그린이** 허구
발행인 조한나
주니어 본부장 박창희
편집 박고은 정예림 강민영
디자인 전윤정 김혜은
마케팅 김인진 김은희
회계 양여진 김주연
인쇄 (주)소문사　**제본** 에이치아이문화사

펴낸곳 (주)도서출판 푸른숲
출판등록 2003년 12월 17일 제2003-000032호
주소 경기도 파주시 심학산로 10, 우편번호 10881
전화 031) 955-9010　**팩스** 031) 955-9009
인스타그램 @psoopjr　**이메일** psoopjr@prunsoop.co.kr
홈페이지 www.prunsoop.co.kr

Text copyright ⓒ 배성호, 2014
Illustrations copyright ⓒ 허구, 2014

ISBN 979-11-5675-016-1 74330
　　　979-11-5675-030-7 (세트)

* 잘못된 책은 구입하신 서점에서 바꾸어 드립니다.
* KC 마크는 이 제품이 공통안전기준에 적합하였음을 의미합니다.
* 던지거나 떨어뜨려 다치지 않도록 주의하세요.
* 이 책 내용의 전부 또는 일부를 재사용하려면 저작권자와 푸른숲주니어의 동의를 받아야 합니다.

차 례

우리 마을에 온 것을 환영합니다 · 4

지 역 · 6

집 · 8

나 이 · 10

먹을거리 · 12

건 강 · 14

종 교 · 16

어린이와 청소년 · 18

여자와 남자 · 20

동 물 · 22

정보 통신 · 24

일하는 사람들 · 26

잘사는 사람과 가난한 사람 · 28

세계화 · 30

에너지 · 32

우리 마을의 과거와 현재, 그리고 미래 · 34

이 책을 읽는 어른들에게 · 36

통계 산출 방법과 참고 자료 · 39

우리 마을에 온 것을 환영합니다

우리나라에는 옛날부터 많은 사람들이 살아왔어요.
삼천리금수강산이라는 말처럼 자연환경이 아름답고,
봄, 여름, 가을, 겨울 사계절이 뚜렷해
사람들이 살기 좋기 때문이에요.

우리나라는 세계 250여 나라 중에서 땅 넓이가 109번째로,
아주 크지는 않아요.
하지만 인구는 5천만 명이 넘어 26번째로 많지요.

5천만(50,000,000)이라는 숫자가 하도 커서
분명하게 와 닿지 않지요?
이제부터는 우리나라를 딱 100명이 사는 마을로
상상해 보아요. 이 상상의 마을에서 1명의 사람은,
실제 세계에서 약 50만(500,000) 명을 말하는 거예요.

자, 이제 우리 마을에 100명의 사람이 모여 살고 있습니다.
마을 사람들은 어디서 어떻게 무엇을 하며 살고 있을까요?
지금부터 우리 마을의 요모조모를 알아보아요.
그러고 나면 우리나라를 좀 더 자세하고 다채롭게
이해할 수 있을 거예요. 그리고 우리나라가 맞닥뜨린
여러 문제를 알고 어떻게 미래를 준비해야 할지도
생각해 볼 수 있겠지요.

어! 저기 마을 입구가 보이네요.
이제 막 동이 터 날이 밝아 오고 있어요.
마을 사람들 집에 불이 하나둘 켜지고 있네요.
잠에서 깬 사람들이 하루를 시작하려나 봐요.

그럼, 우리 마을로 함께 떠나 볼까요?

지역

따사로운 햇살이 비치는 아침, 마을 사람들이
서로에게 밝은 얼굴로 인사를 건네고 있습니다.
"안녕하세요?" "어여 오드래요." "아이고, 늦어 부렀네."
"아침은 자셨슈?" "좋은 아침이구먼!"
우리 마을 사람들은 어디에서 살까요?

마을 사람 100명 가운데
절반인 50명은 수도권에 모여 살아요.
24명은 경기도에,
20명은 서울특별시에,
6명은 인천광역시에 삽니다.

그리고 나머지 50명은
7명은 부산광역시에,
6명은 경상남도에,
5명은 경상북도에,
5명은 대구광역시에,
4명은 전라남도에,
4명은 전라북도에,
4명은 충청남도에,
3명은 강원도에,
3명은 광주광역시에,
3명은 대전광역시에,
3명은 충청북도에,
2명은 울산광역시에,
1명은 제주특별자치도에 삽니다.

※ 세종특별자치시는 인구가 50만 명보다 적어(113,117명)
여기에 포함되지 않았습니다.

집

언덕에 올라 마을을 내려다보니
아파트가 하늘에 닿을 듯 높이 솟아 있고,
그 아래로 나지막한 집들이 옹기종기 모여 있습니다.
마을 사람들은 어떤 집에서 살고 있을까요?

47명은 아파트에 살고,
40명은 단독 주택에 살고,
10명은 연립 주택이나 다세대 주택에 살고,
3명은 여관이나 고시원, 쪽방, 비닐하우스 등에서
살고 있습니다.
이 가운데 10명은
수세식 화장실이나 입식 부엌처럼
깨끗하고 편리한 시설을
제대로 갖추지 못한 곳에서 살고 있습니다.

사실, 우리 마을에는 모든 가구가 자기 집을 한 채씩
가질 수 있을 정도로 집이 많습니다.
그런데 실제로는 자기 집이 없는 사람들이 많습니다.
반면에 한 사람이 여러 채의 집을 갖고 있기도 합니다.

마을 사람 100명 가운데
54명은 자기 집에서 살고
46명은 자기 집이 없습니다.
자기 집이 없는 사람들은
집을 가진 사람들에게 돈을 내고
집이나 방을 빌려서 살아간답니다.

나 이

할머니의 칠순을 축하하기 위해 마을 사람들이 모였어요.
유치원에 갓 입학한 아이에서
초등학교와 중학교에 다니는 아이들,
아이들을 흐뭇한 눈으로 바라보고 있는 어른들까지.
마을 사람들의 나이는 어떻게 될까요?

9명은 10세 아래의 어린이,
13명은 10세에서 19세 사이,
13명은 20세에서 29세 사이,
16명은 30세에서 39세 사이,
18명은 40세에서 49세 사이,
15명은 50세에서 59세 사이,
8명은 60세에서 69세 사이,
8명은 70세가 넘어요.

우리 마을은 아이들 수가 점점 줄어들고 있어요.
아이를 낳지 않으려는 부부들이 늘고 있기 때문이지요.
아이 1명을 낳아 키우려면 3억 원이 넘는 큰돈이 드는 데다
아이를 키울 수 있는 환경이 잘 갖추어지지 않아서예요.
반면에 노인들의 수는 점점 많아지고 있습니다.

1970년에는 10세 아래의 어린이가 18명,
60세가 넘는 노인이 3명이었습니다.
지금은 10세 아래의 어린이가 9명으로 줄어들고,
60세가 넘는 노인이 16명으로 늘어났지요.

지금과 같은 속도와 비율로 마을 사람들의 수가 변한다면
2050년에는 우리 마을에 60세가 넘는 사람이
42명이 될 거라고 해요.

먹을거리

보글보글 된장찌개, 지글지글 불고기, 자글자글 생선구이,
알록달록 비빔밥, 후루룩 칼국수, 싱싱한 야채와 과일까지,
우리 마을 사람들은 무엇을 먹으며 살아갈까요?

우리 마을 사람들의 주식은 밥이에요.
마을 사람들은 한 해 동안 평균 70킬로그램의 쌀을 먹고,
고기는 41킬로그램, 과일은 62킬로그램을 먹습니다.
그런데 쌀을 먹는 양이 점점 줄어들고 있습니다.
1970년에 마을 사람들이 한 해 동안
평균 136킬로그램의 쌀을 먹었어요.
40여 년 동안 절반 정도가 줄어든 셈이지요.
대신에 고기와 과일을 먹는 양은 늘어났어요.
1980년에 비해 고기는 30킬로그램,
과일은 40킬로그램 더 많이 먹습니다.

마을 사람들이 쌀을 예전보다 적게 먹는 데다
외국의 값싼 쌀이 마구 들어오면서
우리 마을의 쌀이 남아돌게 되었어요.
그래서 농사를 짓는 사람도 줄어들고 있답니다.

하지만 윗마을 북한에는 요즘도 쌀이 모자란다고 해요.
윗마을에는 마을 사람이 모두 49명이에요.
이 가운데 15명 정도가
굶주림에 시달리고 있답니다.

건 강

이른 아침, 마을 사람들이 건강을 위해
조깅을 하고 있어요.
어, 자전거를 타고 있는 사람도 보이네요.

우리 마을 사람들의 평균 수명은
1960년만 해도 52세였어요.
1980년에는 66세로 늘어났고요.
61세인 환갑을 맞으면 오래 산 것을 축하하며
마을 사람들을 불러 모아 큰 잔치를 벌였지요.

요즘은 평균 수명이 81세입니다.
하지만 질병이 없는 건강 수명은 73세랍니다.
그러니까 마을 사람들은 평균 8년 동안
질병에 시달리는 셈이에요.

여자는 평균 수명이 83세입니다.
남자의 평균 수명인 77세보다 6년이 더 길어요.
하지만 건강 수명은 73세로, 남자 71세와
크게 차이가 나지 않습니다.

우리 마을에서 19세가 넘는 사람은 78명이에요.
이 가운데 22명은 평소에 스트레스를 많이 받는다고
생각하면서 지내요. 그리고 25명은 비만입니다.
30세가 넘는 사람은 65명이에요.
이 가운데 19명이 고혈압을,
6명이 당뇨병을 앓고 있습니다.

건강하게 오래 살기 위해서는
바른 생활 습관과 긍정적인 생각,
그리고 꾸준한 운동이 필요합니다.

종 교

울창한 숲 속 고즈넉한 절에서,
마을에 있는 교회와 성당에서,
또 자신의 집에서,
마음을 모아 소원을 비는 사람들이 있습니다.
사람들은 신을 믿고 의지하며
마음의 평화와 안식을 얻지요.

우리 마을 사람들은 어떤 종교를 갖고 있을까요?
마을 사람 100명 가운데
23명은 불교,
18명은 기독교,
11명은 천주교,
1명은 원불교나 천도교, 그 외의 종교를 믿어요.
그리고 47명은 종교가 없습니다.

1985년에는 종교가 있는 사람이 34명,
종교가 없는 사람이 46명이었어요.
요즘 들어 종교가 있는 사람이 19명 더 늘었어요.

가끔씩 마을 사람들이 종교 문제로 심하게
다투어서 사회적인 갈등으로 번지는 일도 있어요.
서로의 종교를 인정하고 존중하는 자세가
필요해요.

종교가 있거나 없거나 또 서로 다르거나 관계없이
행복하게 살고자 하는 사람들의 꿈은 모두 같으니까요.

어린이와 청소년

아이들이 가족의 배웅을 받으며
친구들과 학교에 가고 있네요.
우리 마을에서 학교에 다니는 사람들은 얼마나 될까요?

우리 마을에서 학교에 다니는 사람은 모두 19명이에요.
6명은 초등학생,
4명은 중학생,
4명은 고등학생,
5명은 대학생이에요.

우리 마을의 어린이와 청소년들은 대부분 학교에 다녀요.
초등학교에서 중학교까지는 의무교육이어서
학생들은 수업료를 내지 않고 학교에 다닌답니다.
하지만 모든 어린이와 청소년들이
학교에 다니는 것은 아니에요.
경제적인 어려움 때문에
상급 학교에 진학하지 못하는 사람도 있고,
다른 방식으로 배움을 열어 가는 사람도 있답니다.

우리 마을에 사는 부모들의 교육열은
세계 제일이라고 할 만큼 높습니다.
그래서 많은 학생들이 학교 수업이 끝난 뒤에도
학원이나 가정에서 밤늦게까지 공부를 합니다.

청소년들에게 필요한 수면 시간은 9시간입니다.
우리 마을 청소년들의 평균 수면 시간은 7시간이에요.
많은 청소년들이 과도한 학업량과 치열한 경쟁에 떠밀려
잠을 충분히 자지 못하고 있답니다.

여자와 남자

우리 마을 사람 100명 가운데
여자와 남자는 각각 50명이에요. 딱 반반이네요.
여자와 남자는 어떻게 어울려 살고 있을까요?

옛날에는 우리 마을에 남녀 차별이 있었어요.
여자라는 이유로 교육을 받지 못하고
집안일을 배워야 했지요. 다행히 요즘엔 차별 없이
남녀 모두 공평하게 교육을 받고 있어요.
오히려 대학 진학률에선 여자가 74퍼센트로,
남자의 대학 진학률 69퍼센트보다 더 높아요.

그렇다고 차별이 모두 없어진 것은 아니에요.
여전히 여자라는 이유로 일자리를 구하지 못하거나,
똑같은 일을 하면서도 남자에 비해
적은 돈을 받는 경우가 많답니다.

마을 사람 가운데 일을 할 수 있는 만 15세 이상의 사람은
여자 43명, 남자 41명입니다.
여자는 49퍼센트인 21명 정도가 일을 하지만
남자는 71퍼센트인 29명이 일을 합니다.
여자는 한 달 동안 일하고 받는 돈이
평균 158만 원이지만 남자는 평균 239만 원입니다.

여자가 남자보다 일을 못 해서
이런 차이가 생긴 게 아니랍니다.
집안일과 아이 키우는 일을 여자의 몫으로 여기고
남자들 중심으로 마을을 움직여 왔기 때문이에요.
여자든 남자든 자신의 적성과 능력에 맞게 일하고
동등하게 보상을 받을 수 있도록
마을 사람들 모두가 노력해야 합니다.

동 물

닭장 속에서 암탉이 꼬꼬댁꼬꼬댁,
외양간에서 송아지가 음매음매,
베란다에서 고양이가 야옹야옹,
소파에서 강아지가 왈왈왈!
우리 마을에는 여러 동물들이 함께 살고 있어요.
사람들은 동물과 어울려 살기도 하고,
동물을 먹을거리로 키우기도 합니다.

마을 사람들 가운데 19명이
개와 고양이 같은 반려 동물과 함께 살아요.
반려 동물은 사람과 더불어 살아가는 동물을 뜻해요.
반려 동물 가운데
9마리는 개, 2마리는 고양이예요.

사람들은 소, 돼지, 닭 같은 동물을 먹을거리로 키웁니다.
우리 마을에는
7마리의 소,
20마리의 돼지,
294마리의 닭이 있어요.

이런 동물들은 규격화된 농장에서
판매를 위해서 대량으로 키우기도 해요.
동물들은 집단 사육으로
스트레스와 운동 부족에 시달리고 있어요.
그 때문에 콜레라, 광우병, 조류 독감 등
전염병에 걸리는 일이 잦습니다.
이것은 결국 사람의 건강과 생명까지 위협한답니다.
마을 사람들은 동물들을 행복하고 건강하게 키우는
방법과 제도를 찾기 위해 노력하고 있습니다.

정보 통신

어? 사람들이 보이지 않는 수많은 선을 통해서
온갖 정보들을 주고받고 있네요.
우리 마을은 정보 통신 기술이 아주 발달해 있어요.
그 덕분에 언제 어디서든 필요한 정보를 신속하게
얻을 수 있어요. 컴퓨터에서 스마트폰까지,
하루가 다르게 발달해 가는 정보 통신 기기들이
마을 사람들의 삶을 새롭게 바꾸고 있습니다.

우리 마을 사람들은 어떤 정보 통신 기기를 쓸까요?
52명은 내비게이션을, 81명은 컴퓨터를,
98명은 휴대 전화를 가지고 있고,
그 가운데 80명은 인터넷 접속이 빠른
스마트폰을 가지고 있어요.

만 3세 이상의 마을 사람들 97명 가운데
최근 1개월 동안 인터넷을 이용한 사람은 80명이고,
그중 34명은 하루에 평균 2시간씩 이용합니다.
1개월 동안 인터넷을 이용하지 않은
마을 사람들 17명 중에서
13명은 인터넷을 이용해 본 경험이 아예 없어요.

정보 통신 기술이 눈부시게 발달하면서 마을 사람들의
생활이 매우 편리하고 다양해졌습니다.
원하는 정보를 쉽고 빠르게 얻을 수 있으며,
보다 수월하게 의사소통을 할 수 있게 되었지요.
하지만 개인 정보가 새어 나가 범죄에 이용되고,
악성 댓글 등을 통한 사이버 폭력이 넘쳐나고,
인터넷 중독에 걸리는 등 여러 가지 문제도 생겨났습니다.
인터넷을 할 때도 상대방을 배려하고,
또 예의를 지키는 일이 필요해요.

일하는 사람들

철커덕철커덕 쟁기로 논을 갈아엎는 농부들,
뚝딱뚝딱 쇠를 두드려 물건을 만드는 노동자들,
왁자지껄하게 소리치며 물건을 파는 상인들,
우리 마을 사람들은 어떤 일을 하며 살아갈까요?

우리 마을에서 직업을 가질 수 있는
만 15세 이상의 사람은 84명이에요.
이 가운데 실제로 일하는 사람은 50명입니다.
17명은 단순 노동을 하거나 물건을 고치거나
조립하는 일을 하고,
11명은 물건을 팔거나 서비스를 제공하는 일을 하고,
11명은 전문적인 지식이나 기술을 펼치는 일을 하고,
8명은 사무실에서 일을 하고,
3명은 농사를 짓거나 고기 잡는 일을 합니다.

이 가운데 회사에서 임금을 받으며
일하는 사람들은 36명이에요.
19명은 정규직이고, 17명은 비정규직입니다.
정규직 노동자는 한 달에 평균 255만 원의 임금을 받고
비정규직 노동자는 한 달에 평균 143만 원을 받아요.
비정규직 노동자는 정규직 노동자와 똑같이 일을 해도
임금이나 복지 부분에서 차별 대우를 받습니다.
또 언제든지 해고될 수 있다는 불안감에 시달리지요.

마을 사람 중 7명은 일을 하고 싶어도
일자리를 구하지 못하고 있어요.

마을 사람들 모두가 원하는 곳에서 일을 하고
공평한 대우를 받을 수 있도록 다 같이 노력해야 해요.

잘사는 사람과 가난한 사람

누군가에게 6,030원은 군것질거리를 사기에도
턱없이 모자란 돈이지만,
또 누군가에게는 1시간 동안 힘들게 일한 값입니다.
마을 사람들은 돈을 얼마나 벌고 있을까요?

우리 마을 사람들은 1가구당 한 달 평균
360만 원 정도를 벌고,
217만 원가량을 사용합니다.
하지만 모든 가구가 한 달에 360만 원씩 버는 것은
아니에요.

마을에서 가장 잘사는 10가구는
한 달에 930만 원을 법니다.
마을에서 가장 가난한 10가구는
한 달에 87만 원을 벌어요.
꼭 필요한 생활비보다 버는 돈이 적기에
가난한 사람들의 생활은 계속 어려워지고 있습니다.

우리 마을은 잘사는 사람들과 가난한 사람들의
차이가 점점 커지고 있습니다.
이 차이를 줄이기 위한 방법을 찾기 위해
마을 사람들이 오늘도 부지런히 고민하고 있어요.

세계화

"안녕하세요!" "니하오!" "나마스테!" "살람!"
"곰방와!" "봉주르!" "굿이브닝!"
어! 여기저기에서 낯선 말이 들려오네요.
다른 마을에서 온 사람들이 인사를 나누고 있어요.

우리 마을 사람 가운데 외국인은 얼마나 될까요?
마을 사람 100명 가운데 3명은 외국인이에요.
최근 10년 사이에 세 배 이상 늘었어요.
국제결혼이 늘어나고, 우리 마을로 일하러 오는
외국인이 많아졌기 때문이에요.
2040년이 되면 외국인 수가
14명 정도가 될 거라고 해요.

우리 마을에는 피부색뿐만 아니라 문화가 다른
사람들이 함께 어울려 살고 있습니다.
우리 마을 사람들과 생김새와 말투 등이 다르다는
이유로 편견을 갖고 대해서는 안 돼요.
다른 문화를 존중하고 배려하는 마음가짐이 필요합니다.

우리 마을로 여행을 오는 외국인도 있어요.
1년에 외국인 24명이 우리 마을을 찾습니다.
최근 10년 사이에 두 배가 늘었어요.
우리 마을 사람들도 1년에 30명이
다른 마을에 여행을 다녀온답니다.

에너지

깜깜한 저녁이 되자 여기저기 불이 켜져요.
도로 위에 차들이 서둘러 집으로 달려가네요.
마을 사람들은 집에 들어가면
전기 밥솥으로 밥을 지어 먹고
텔레비전을 보면서 휴식을 취합니다.
추울 때는 보일러를 켜서 집 안을 따뜻하게 하지요.

우리 마을에서는 어떤 연료에서 에너지를 얻을까요?
85퍼센트는 석유와 석탄, 가스 등 화석 연료에서,
11퍼센트는 원자력에서,
1퍼센트는 수력에서,
3퍼센트는 태양열이나 바람 같은
자연 자원에서 에너지를 얻습니다.

화석 연료는 계속 쓰면 언젠가 바닥이 나고
환경 오염을 일으킨다는 단점이 있어요.
우리 마을은 화석 연료 에너지를 줄이고
원자력 에너지를 늘려 왔습니다.
원자력은 원료가 적게 들고
상대적으로 값이 싸기 때문이지요.
하지만 일본에서 원자력 발전소 사고가 일어난 뒤로
원자력의 안전성 문제가 수면으로 떠올랐어요.
태양열이나 바람 같은 자연 자원을 이용한
에너지를 더 많이 만들어야 한다는
목소리가 점점 더 높아지고 있습니다.

마을 사람 100명 가운데
89명은 필요할 때마다 에너지를 사용할 수 있지만,
11명은 형편이 어려워 난방조차 제대로 못 하고 있어요.

우리 마을의 과거와 현재, 그리고 미래

우리 마을은 원래 윗마을인 북한과 한마을이었어요.
한국 전쟁을 겪으면서 윗마을과 아랫마을로 나뉘어
지금까지 서로 등지고 살아왔어요.

지금 우리 마을에는 100명의 사람들이 살고 있습니다.
윗마을과 우리 마을이 한마을이었던 옛날에는
몇 명이 살았을까요?

1500년 무렵에는 19명,
1800년 무렵에는 37명,
1950년 무렵에는 40명이 살았습니다.

만약 통일이 되어 예전처럼
윗마을과 아랫마을이 함께 살아간다면
마을 사람들의 수는 149명이 됩니다.

마을 사람들은 윗마을과의 통일을 꿈꾸며
많은 노력을 기울이고 있어요.
이산가족이 만날 수 있는 자리를 마련하고,
윗마을과 아랫마을의 단일팀을 만들어서
세계 스포츠 대회에 참가하고,
공단을 만들어 기술력과 노동력을 합치고,
문화 예술 공연을 함께하는 등
끊임없이 서로 교류하면서
함께할 미래를 준비하고 있답니다.

 이 책을 읽는 어른들에게

아이들과 함께하는 행복한 사회 읽기!

행복하게 살기 위해서는 무엇이 필요할까요? 건강, 돈, 명예 등 여러 가지가 언뜻 떠오릅니다. 그런데 이러한 것들을 갖춘다고 정말 행복할까요? 우리는 종종 남부러울 것 없는 조건을 갖춘 사람들이 불행하다고 이야기하는 장면을 심심찮게 보게 됩니다. 그러고 보면 행복은 흔히 말하는 조건들로 얻는 것은 아닌 듯합니다.

그렇다면 진짜 행복은 어떻게 얻을 수 있을까요? 행복한 순간을 떠올려 보면 그 답의 힌트를 얻을 수 있을 것입니다. 좋아하는 친구들과 함께할 때, 가족에게서 따뜻한 온기를 느낄 때, 누군가가 나를 진심으로 응원해 줄 때……. 이렇듯 대부분 사람들은 '관계' 속에서 행복을 느낍니다. 행복은 혼자만 잘 산다고 해서 얻을 수 있는 게 아니지요. 사람을 뜻하는 '人(인)'자가 둘이 서로 의지하는 모양으로 만들어졌듯, 사람은 더불어 사는 사회적 존재이기 때문입니다.

이 책은 우리 모두가 더불어 행복하게 살아가기 위해 필요한 것들이 무엇인지 우리가 발 딛고 선 곳을 찬찬히 살피며 헤아려 보기 위해 마련되었습니다. 사람들 저마다의 생김이 다르듯 삶의 모습도 제각각 다릅니다. 각자의 처지에 따라서 생각하는 것도, 행동하는 것도 다를 수 있습니다. 우리가 이 땅에서 더불어 살아가려면 우리 사회를 객관적으로 바라보되, 구성원들의 삶의 차이를 이해할 수 있어야겠지요. 이 책은 사회 구성원들의 다채로운 삶의 모습을 쉽고 깊이 있게 보여 주고 더불어 사는 사회를 모색할 수 있도록 생각거리를 던져 줍니다. 이 땅의 새로운 미래를 열어 갈 우리 아이들이 이 책을 통해 우리 사회에 대한 꿈과 희망을 그릴 수 있길 바랍니다. 또한 사회적 상상력을 발휘해 우리 사회가 안고 있는 문제들을 어떻게 풀어 가야 할지 생각해 볼 수 있었으면 좋겠습니다. 그럼, 아이들과 꿈과 희망을 틔워 가기 위해 이 책을 어떻게 보면 좋을까요?

우리 사회에 대한 관심! 너와 나는 어디에서 어떻게 살고 있을까? _관심 기울이기

이 책을 펼치기 전에 아이들이 우리나라에 관심을 가질 수 있는 활동을 해 보세요. 예를 들어 지도를 펼쳐 놓고 내가 살고 있는 지역과 다른 지역을 비교해 보면 어떨까요? 자세히 보면 예쁘다는 노랫말처럼 우리가 살아가는 삶터도 다르게 보이지요.

먼저 지도에 내가 사는 지역을 표시합니다. 그런 다음 여행을 갔던 곳이나 부모님의 고향 등 인상 깊은 다른 지역을 함께 표시합니다. 이 두 지역의 차이점은 무엇인지 개인적인 경험이나 느낌을 바탕으로 이야기 나누어 보세요. 이때 자연환경, 지역의 분위기, 사람들의 말투 등 이야깃거리들을 짚어 주는 것도 좋겠지요. 그런 다음에는 인터넷이나 책을 통해 인구수, 특산물, 지리적 특징 등 보다 구체적인 정보를 찾아보고 두 지역의 차이점을 이야기 나눠 보세요. 이런 활동은 내가 살고 있는 지역뿐 아니라 더 나아가 우리 사회에 관한 관심을 불러일으켜 줄 수 있답니다.

100명 마을의 상황을 한눈에! 통계를 시각화하기
_알고 느낌 나누기

이 책을 읽을 때, 본문과 함께 그림을 찬찬히 살펴보세요. 아이들과 그림을 보면서 우리 마을의 느낌을 나눠 보세요. 글자로 내용을 읽을 때와는 달리 아이들과 다양한 생각들을 들을 수 있습니다. 아이가 말한 소감을 듣고 있노라면 깜짝 놀랄 수도 있습니다. 우리 사회를 보는 아이들만의 새로운 시선과 마주할 수 있기 때문이죠.

더불어 이 책의 내용을 아이들과 함께 그래프로 만들어 보세요. 막대그래프, 원그래프 등 형식은 다양합니다. 각 주제의 특징을 살려 그림그래프를 만들어 보는 것도 좋습니다. 이를테면, '집'을 주제로 그래프를 그린다면 막대 대신 아파트, 단독 주택 등 주거지의 크기를 서로 다르게 그려 통계를 보여 주고, '동물'을 주제로 한 그래프라면 개, 고양이 등 동물들의 크기를 서로 다르게 그려 통계로 보여 주는 식입니다. 이처럼 통계를 시각적으로 살펴보는 활동은 우리 사회 현실을 한눈에 파악하는 데 도움이 될 것입니다.

100명 마을에서 한 명은 실제로는 무려 50만 명!
_이해하기

이 책은 통계 수치가 주를 이룹니다. 우리나라를 100명이 사는 마을로 설정함으로써 쉽고 간명하게 우리 사회를 보여 준다는 것이 큰 장점이지요. 그런데 우리 마을에서 1명은 실제로는 50만 명이나 되는 사람을 나타냅니다. 우리 마을 사람 1명엔 굉장히 복잡한 층위가 존재한다는 것입니다. 이를테면, 우리 마을에 사는 외국인 3명이 실제로는 생김새도, 출신 국가도, 인종도 저마다 다른 150만여 명의 사람을 말하는 것처럼 말입니다. 그러기에 이 책이 말하는 마을 사람 1명이 포괄하고 있는 50만 명의 사람들을 들여다보도록 안내해 주세요.

또한 통계 숫자를 단순히 아는 것을 넘어 좀 더 깊이 들여다볼 수 있게 도와주세요. 우리 마을에서 쪽방이나 비닐하우스 등 주택이 아닌 곳에 사는 사람은 3명입니다. 그렇다면 실제로는 150만 명이 기본적인 생활을 꾸리기 어려운 곳에 살고 있습니다. 우리는 누구나 '집'에 산다고 말하지만, 그 집은 엄청나게 넓은 아파트일 수도 있고, 비바람도 피하기 어려운 허름한 쪽방일 수도 있고, 자기 소유의 집일 수도 있고, 남에게 빌린 집일 수도 있지요. 이렇게 하나의 주제라도 숫자 너머를 들여다보면 우리 사회를 좀 더 깊이 바라볼 수 있는 안목을 키울 수 있습니다.

우리 사는 세상에 관해 함께 이야기 나누어 보기
_생각 키우기

이 책에서 전하는 우리나라의 여러 가지 모습들은 우리에게 질문들을 던집니다. 명확한 답이 있거나, 당장에 해결할 수 있는 것은 아닙니다. 그렇다고 그 문제들을 외면하고 묻어 둔다면 새로운 희망을 열어 가는 것은 어렵습니다. 앞으로 우리나라를 이끌어 갈 우리 아이들과 이 사회를 어떤

시선으로 바라봐야 하는지, 더 나은 세상을 일구기 위해서 우리가 나아가야 할 방향은 무엇인지, 함께 고민해 보고 가능성을 찾아가 보세요. 아이들과 함께 토론을 나눠 봄직한 질문들은 아래와 같습니다. 이런 질문들을 통해 우리 사회를 좀 더 따뜻하게 바라볼 수 있으면 좋겠습니다.

- 모든 가구에게 집이 한 채씩 돌아갈 만큼 집이 충분히 있는데, 왜 집이 없어 고통받는 사람들이 있을까?
- 여자는 왜 약자일까? 성이 다르다는 이유로 차별받지 않으려면 어떤 제도가 필요할까?
- 잘사는 사람과 가난한 사람들이 더불어 잘 살아가려면 어떻게 하면 좋을까?
- 동물들이 행복하고 건강하게 자라야 그걸 먹는 인간도 건강하지 않을까? 그러기 위해서 어떤 노력이 필요할까?
- 원자력 발전소가 왜 문제일까? 바람, 물, 햇빛 같은 미래 에너지가 대체 에너지로 떠올랐지만 왜 널리 쓰이지 못할까?

더 나은 세상을 꿈꾸게 하기

우리 사회는 아직도 해결해야 할 문제들이 많습니다. 빈부 격차가 더욱 심해지고, 오염된 환경의 위협이 커지며, 남과 북은 시시때때로 총부리를 겨누고 있지요. 그리고 무엇보다 우리 사회는 '사랑, 존중, 배려'라는 가치보다는 '돈'이 우선시 되는 분위기로 흘러가고 있습니다. 게다가 과도한 경쟁 분위기 속에서 나만 잘 살면 된다는 의식이 팽배해지면서 다른 이들의 아픔은 나 몰라라 하는 일들이 벌어지고, 그로 인해 우리 사회 곳곳이 안녕하지 못합니다. 우리 어른들은 아이들에게 이런 문제들을 고스란히 물려주어서는 안 되겠지요. 아이들이 최소한 지금보다는 나은 미래를 열어 갈 수 있도록 길을 안내해야겠지요.

이 책을 아이들과 함께 읽어 가면서 더불어 행복하게 살아가는 것이 왜 소중한 것인지 함께 이야기 나눠 보세요. 그 과정에서 아이들이 새로운 꿈과 희망을 틔워 갈 수 있도록 이 책을 함께 읽는 어른들이 길동무가 되어 주셨으면 좋겠습니다. 아이들이 더 나은 세상을 꿈꾸고 일궈 간다면 우리나라는 지금보다 더 살기 좋은 곳으로 거듭날 수 있을 것입니다. 이 책을 통해 아이들과 새로운 세상을 꿈꾸는 여정으로 함께 발걸음을 내딛어 볼까요?

통계 산출 방법과 참고 자료

2012년 6월 22일을 기점으로 우리나라 인구가 5천만 명을 넘어섰습니다. 우리나라가 100명의 마을이라면 우리 마을의 한 사람은 50만 명을 대표하는 것입니다. 소수점 아래의 수는 반올림하여 계산했습니다.

이 통계를 내는 데 주로 통계청 국가통계포털(http://kosis.kr)에서 제공하는 통계 자료와 각 중앙 기관에서 발행하는 보고서를 참고했으며, 대부분 2012년도를 기준으로 산출된 2013년 최신 자료를 사용했습니다. 다만 인구주택총조사를 통해 10년 단위로 조사가 이루어지는 '종교'는 2005년도 조사 자료를 참고했습니다. 2015년에 인구주택총조사가 이뤄지면 해당 내용을 수정하겠습니다.

우리 마을에 온 것을 환영합니다
- ⟨Population and Vital Statistics Report⟩(UN, 2011~2012년), 5쪽

지역
- 통계청〉주제별 통계〉인구·가구〉주민 등록 통계〉동읍면·5세별 주민 등록 인구(2012년)

집
- 통계청〉기관별 통계〉국토교통부〉주거 실태 조사〉행정 구역별 주택 유형(2012년)
- 통계개발원,〈한국의 사회 동향 2012〉(통계청), 145쪽
- 통계청〉기관별 통계〉국토교통부〉주거 실태 조사〉행정 구역별 점유 형태(2012년)

나이
- 통계청〉주제별 통계〉인구·가구〉주민 등록 통계〉동읍면·5세별 주민 등록 인구(2012년)

- ⟨2012 세계 인구 현황 보고서 한국어판⟩(인구보건복지협회·유엔인구기금)
- 김승권 외,⟨2012년 전국 출산력 및 가족 보건·복지 실태 조사⟩(한국보건사회연구원), 844쪽
- 통계청〉주제별 통계〉인구·가구〉인구총 조사〉인구 부문〉총조사 인구 총괄〉총조사 인구 총괄(시도·성·연령별)(1970년)
- 통계청〉주제별 통계〉인구·가구〉추계 인구·가구〉장래 인구 추계〉전국(2010년)〉인구 성장 시나리오〉가정별·연령별(전국) 추계 인구(2050년)

먹을거리
- 농림축산식품부 기획 통계 담당관,〈2013 농림 축산 주요 통계〉(농림축산식품부), 41쪽, 286쪽, 306쪽, 333쪽, 524쪽
- ⟨2013 세계 식량 불안 상황 보고서⟩(유엔식량농업기구)

건강
- ⟨통계로 본 한국의 발자취⟩(통계청, 1995년)
- 통계청〉주제별 통계〉인구·가구〉생명표〉간이 생명표(5세 간격별)(1980년, 2012년)
- 정영호,⟨우리나라 국민의 기대 여명 및 건강 수명 보고서⟩(보건사회연구원, 2012년)
- 통계청〉기관별 통계〉보건복지부〉국민 건강 영양 조사〉건강 형태〉정신 건강〉스트레스 인지율 추이 : 성별, 만 19세 이상(2012년)
- 통계청〉기관별 통계〉보건복지부〉국민 건강 영양 조사〉만성 질환〉비만 유병률 추이(2012년)

종교
- 통계청〉주제별 통계〉인구·가구〉인구 총조사〉인구 부문〉총조사 인구(2005년)〉전수 부문〉성·연령·종교별 인구-시군구
- 통계청〉주제별 통계〉인구·가구〉인구 총조사〉인구 부문〉총조사 인구(1985년)〉전수 부문〉시도·연령·성별 종교 인구

어린이와 청소년
- 〈2013년 청소년 백서〉(여성가족부), 265쪽
- 통계청〉기관별 통계〉중앙 행정 기관〉여성가족부〉청소년 종합 실태 조사〉수면(2011년)

여자와 남자
- 〈2013년 통계로 보는 여성의 삶〉(여성가족부), 28쪽
- 통계청〉고용·노동·임금〉고용〉경제 활동 인구 조사〉경제 활동 인구 총괄(공식 실업률, 구직 기간 4주 기준, 1999년 6월~현재)〉성별 경제 활동 인구 총괄(2013년)
- 통계청〉기관별 통계〉중앙 행정 기관〉고용노동부〉고용 형태별 근로 실태 조사((구)임금 구조 기본 통계 조사 포함)〉고용 형태별 통계〉임금 및 근로 시간〉성별(2012년)

동물
- 농림수산검역검사본부, 〈2012년 동물 보호에 대한 국민 의식 조사 결과 요약〉(농림수산식품부), 1~2쪽
- 통계청〉주제별〉농림·어업〉농업〉가축 동향 조사〉축종별 시도별 가구 수 및 마리 수(2012년)

정보 통신
- 한국인터넷진흥원, 〈2013년 인터넷 이용 실태 조사〉(미래창조과학부), 35쪽, 47~49쪽, 119쪽

일하는 사람들
- 통계청〉고용·노동·임금〉고용〉경제 활동 인구 조사〉경제 활동 인구 총괄(공식 실업률, 구직 기간 4주 기준, 99년 6월~현재)〉성별 경제 활동 인구 총괄(2013년)
- 통계청〉고용·노동·임금〉고용〉경제 활동 인구 조사〉취업자〉직업별 취업자(2013년)
- 〈실업자 345만 명…공식 통계의 4.8배〉, 서울신문(2013년 11월 15일, 제1면 / http://www.seoul.co.kr/news/newsView.php·id=20131115001014)
- 김유선, 〈비정규직 규모와 실태-통계청, 경제 활동 인구 조사 부가 조사(2013년 8월) 결과〉(한국노동사회연구소, 2013년), 5쪽
- 통계청〉고용·노동·임금〉고용〉경제 활동 인구 조사〉근로 형태별 부가 조사〉근로 형태별 월 평균 임금 및 증감(2013년 8월)

잘사는 사람과 가난한 사람
- 통계청〉주제별 통계〉물가·가계〉가계〉가계 소득 지출〉가계 동향 조사(신분류)〉전국(명목)〉가구 원수별 가구당 월평균 가계 수지 (전국, 1인 이상 / 2013년)
- 통계청〉주제별 통계〉물가·가계〉가계〉가계 소득 지출〉가계 동향 조사(신분류)〉전국(명목)〉소득 10분위별 가구당 가계 수지 (전국, 2인 이상 / 2013년)

세계화
- 통계청〉기관별 통계〉중앙 행정 기관〉안전행정부〉지방 자치 단체 외국인 주민 현황〉지자체별 외국인 주민 현황(시·군·구 / 2013년, 2012년, 2006년)
- 〈2040 한국의 삶의 질〉(성균관대학교 하이브리드 컬처 연구소)
- 한국문화관광연구원 관광 정보 시스템 출입국 관광 통계 (www.tour.go.kr / 2005년, 2012년, 2013년)

에너지
- 신정수, 《한국의 에너지 빈곤 규모 추정에 관한 연구》(에너지경제연구원, 2011년), 23쪽
- 통계청〉주제별 통계〉광공업·에너지〉광공업〉에너지(2012년)

우리 마을의 과거와 현재, 그리고 미래
- 한국인구학회, 《인구대사전》(통계청, 2006년), 846쪽, 848쪽
- 통계청〉주제별 통계〉인구·가구〉인구 총조사〉인구 부문〉총조사 인구 총괄 (시도/성/연령별/1949년)